JN408706

누에실문학회 2기 창작문집

해는 서산에서 뜬다

김도연 외

셋이서문학관

누에실문학회 2기 창작문집

해는 서산에서 뜬다

김도연 외

셋이서문학관

글빛 꽃향기를 가슴에 안고

누에실문학회 제2기
회장 김 도 연

하얀 눈꽃이 피어나는 계절입니다.

오늘은 특별히 우리들의 글꽃이 피어나는 기쁜 날입니다.

그동안 주경야독하면서 절차탁마한 글들을 모아 세상에 선보이는 날이기도 합니다. 그러나 어줍잖은 글을 선보여서 부끄럽고 송구스럽기 그지없습니다.

우선 누에실문학회 제2기 문우님들의 삶의 향기와 열정으로 보석 같은 시집이 탄생하게 됨을 축하하면서, 아울러 이런 축하의 자리를 마련해 주신 김우영 은평구청장님과 관계되신 분들께 감사드리며, 또한 열성으로 지도해 주신 정인관 관장님께 고마운 인사를 드립니다.

글이란 자기의 사상과 감정을 표출하면서 삼라만상 모든 것을 정서적으로 미화시키는 것이기에 어렵다는 것을 느꼈습니다.

이제 새내기로 처음 발표한 글이오니 부족한 것이 있다 하여도 너그러운 마음으로 읽어 주시면 감사하겠습니다.

누리실문학회는 제1기가 작년 가을에 학습을 수료하였으며, 제2기는 오늘 수료식을 갖고, 제3기는 2월 말에 교육을 시작하게 되었습니다. 수료를 했다 하여도 끝나는 것이 아니고 문학공부는 계속하고 있습니다.

누에실문학회가 더 큰 기쁨으로 아름다운 글빛의 꽃망울을 가득 안고 향기로운 꽃으로 피어날 수 있도록 격려해주시기를 간절히 바라면서 큰절을 올립니다. 대단히 감사합니다.

2018년 2월 8일

– 셋이서문학관 추녀 끝에 고드름을 바라보면서

셋이서문학관 누에실문학회 임원 명단

• 1기 임원

▲ 회장 정정식

▲ 총무 윤정자

• 2기 임원

▲ 회장 김도연

▲ 총무 김영숙

차 례

지도교수 초대시

정 인 관

셋이서문학관 관장

가슴에 봄이 핀다 외 2편

정 인 관

피아노에 아지랑이 매어달고
소리 없는 봄꽃은
작은 늪새에 녹아 누리로 누리로
물빛되어 숨어버린 그 옛날

겨우내 숨어 있던 속살의 웃음소리가
처마 끝 낙숫물소리와 더불어
해그림자가 호숫가에 피어나고

못내,
못 잊어 쉬엄쉬엄 가슴에 젖어 들면
빛은 산자락에서 어미처럼 날개를 접으면
날빛보다 더 밝게 아낭을 떨치니
땅 빛에 살다가 온 누리 가슴에 봄꽃이 피어난다.

꽃이여

종달이 높이 날고
소쩍새 울면
그리운 사람들의
얼굴처럼
흐드러진 진홍빛
꽃이여

마파람 불고
보리피리 소리 들리면
강 건너 진달래
그윽한 향기로
다가오는
꽃이여

으악새

서로 엇갈리는 아픔
바람이 부는 사이
생명의 꽃을 날리고
임진강 여울에
같이하는 아픔이 있다

울부짖는 몸부림이 있고
손짓하는 잎새 소리가 있고
불태우는 안개꽃이 있다

넘어질 듯
휘어질 듯
먼 산 너머 아픔의 소리는
고요로운 아침을 깨운다

여기는 넋새의 눈물을 담은
비무장 지대

메마른 가슴앓이로
맨살을 부비고

울어라 그리고 사랑의 씨앗을 날려라
메아리가 되돌아올 때까지

은은한 빛을 안고 사는 천사들

김 도 연

kimok@naver.com

당신 닮은 눈빛 스며드는 애잔함이
눈물 머금은 당신 향기가 있어 좋네요

아버지의 빈자리 외 4편

김 도 연

그리움에 조여드는
가슴을 부여잡고
부러진 날개를 퍼덕이며
그대로 주저앉아
허공에 헤매던 시간들

텅 빈 마음 채우려
한없이 목메었던 순간
어떡하라고, 어찌 살라하고

당신의 소중함

철없던 아쉬운 시절
영원하리라 믿고 살아온
애틋한 생의 뒤안길
두고 가신 따스한 목소리
그 소리가 귓가를 스칩니다

아직도 가슴에 묻어둔 정감
그리움
한 자락 꺼내 펼쳐보며
다시 태어나도,

당신의 딸이렵니다

행복, 그 순간

한 걸음 한 걸음
꿈만 같았던 하루

밝혀지는 촛불
축제가 시작되고
축복의 길을 열어가는 순간

하늘높이 날아가는 아기 새
가슴 벅찬 기쁨의 날갯짓

산마루에 살포시
새 보금자리를 틀며
장밋빛 설렘이 시작된다

솔향기 개울물도 친구가 되고
은은한 꽃 숲향기로 피어나는
편안한 눈빛
따스한 손길

포근히
아늑한 둥지에 안긴
한 쌍의 원앙이 되어주길

바람도 구름도 다독인다

닮아가네요

당신은 그랬지요
찬바람에 흔들리는 세월
늘 심장 가까운 곳에
우리가 우선이셨죠

가슴 한 켠 속살 내어주듯
끝없는 애정의 힘
당신의 허물을 벗긴 채
파란 꿈을 펼칠 수 있었네요

고운 숨결 따스한 미소
아직 그대로인데
우리도 중년을 넘고보니
당신은 사그라진 불꽃같이
세월을 보듬고 계시네요

애처로움에 시린 가슴
이제는
오롯이 당신만의 삶을 누리세요

어느덧, 내 안에도
당신 닮은 눈빛 스며드는 애잔함
눈물 머금은
당신 향기가 있었네요

자식을 향한 부모 마음은
오래오래
보배로운 연주 같아요

사랑, 한 아름

- 이시연 손녀에게

어느 날
이순에 맞이한 기쁨 하나

아스라이 시간이 흘러
삶의 한 자락을 넘겨주고
짧지 않은 기다림

아직 여리디 여린 딸
엄마가 되는 순간
고요한 달빛도
미소로 반겨주는 시간

꿈은 아닐는지
어색한 세상과 마주하고
눈을 지그시 감은 천사
뜨거워지는 가슴

곱고 여린 숨소리
포근히 품에 안기니
벅차오르는
할머니의 설렘

무시로
하늘높이 행복한 미소
따뜻한 마음 담아
오롯이
너그러운 울타리가 되어줄게

풋풋한 향기를 품고
둥글게 둥글게
은은한 빛을 안고 사는
천사로 자라다오
한 아름 사랑을 전하면서

품속 고향

깊이 간직한 여울진 자리
가슴 속 아스라한 물망초
찾아가면 그리움에 젖어 들고
안겨보면 가슴이 저려온다

아련한 기억 저 편
뜨거운 가슴은
스치듯 지나가고
머리에 잠겨있는 봄볕
사랑이 익어가는 한 자락 추억

거센 바람 마주할 때
생의 앞길 되어주고
어둠속에 선 마음의 빛들
삶에 힘을 보내주겠지

토닥이며 다가온 손길
포근히 가슴에 안겨
그 안에
오래도록 머물고 싶다

순수한 해바라기 눈빛 울타리

김미경

jys7078@hanmail.net

두 팔 벌려 가득 꽃을 안고 오색찬란한 향기로
영원히 마음 치장하고 하늘을 보네

기다림 외 4편

김 미 경

한 발짝 다가서면
부끄러워
두 발짝 물러서는 은행

달빛을 벗 삼아
외로운 마음
겹겹이 성을 쌓은 밤

옛사랑을 그리워 그리워하며
혼자
곱게 늙은 대추

밀봉된 실연의 아픔마저
흐르는 물에
말끔히 씻기우는 포도

첫사랑의 설렘을
붉은 얼굴 가리지
않는 사과

그의 진심을
알고서
한층 나긋나긋 해진 홍시

이 가을
그녀들의 머릿속은 온통 사랑이 맴돌고 있네.

현충원

인연치고는 괴이한 인연이로다
많은 서울 땅
그 중 이곳에 터를 닦고 살으라 함은

잊고 사는 날이 강물이어도
바다를 그리워하는 마음으로 살자
붉은 마음 한 조각
그대로
한 평 공간이어도 길이길이
당신의 이름 석 자는 산맥이 되리

또,
다른 어느 날

한 무리의
붉은 물결을 보게 될 때에
그것의 수원은
아마도 이곳이 아닐 런지

우리들의 가슴에
수많은 깃발을
흔들게 되는 날을 고대하며

길

저기
한 사람이 있어

허락한 넓이만큼의 사랑에
안달하며 내달릴 적,
넘어지지 않게
꼿꼿이 세워주었네

두 팔 벌려 가득 꽃을 키워 축복과
오색 찬란 단풍으로 치장하여
영원을 소원했네

이윽고
비 내리고 눈 내려 너덜너덜해진 마음
조용히 다가와
툭툭툭
먼지 날려주었네

꾸불꾸불 인생 길
돌아와 보니
비포장 된 첫사랑이었네

아버지

높은 산
그리고 긴 호흡
능선마다 자리한 세월의 깊이

그 아래
조용히 퐁퐁퐁 샘솟는 청량한 약수
목마름에 어린 아이는 두 손 가득 벌컥벌컥

자만한 어른으로 우뚝 서고도
오랜 시간 이후에야 알았네
당신의 사랑으로 이만큼이었다는 것을

이제 입은 옷 다 내어주고
마지막 제 살을 깎아
장승으로 서있네

쉰이 넘은 딸의 안부를 물으며

스치는 것은 인연이요,
스며드는 것은 사랑이라!

미경아~, 학교 가자아~

반짝 기지개켜던 햇살이 돌담을 거쳐 앞마당을 점령할 즈음, 우린 누가 먼저랄 것도 없이 그렇게 친구들 이름을 부르며 삼삼오오 학교에 가던 시절이 있었지요.

시간은 흘러 아내로 엄마로 이름표를 바꿔달며 나의 이름 석 자는 오로지 주민등록증에 고이고이 모셔놓았죠.

잊혀진 30년은 복스런 몸매로 이미 충분한 보상을 받았고요.

2015년 4월.

밋밋하고 싱겁기 그지없는 제 인생에 찬란한 봄이 왔습니다.

다시금 제 이름은 음지에서 양지로 나오는 호사를 누리게 되었죠.

동시에 너무나 예쁜 그녀들이 제 옆으로 와선 친구가 되었어요.

지난 30년의 공백을 채우려는 듯 나와 그녀들은 같이 밥을 먹고 함께 차를 마시고 같이 산을 오르고 함께 수다를 떨고 같이 음악을 듣고 함께 그림을 감상하고 그리고 이 모든 순간순간을 기억하려 무던히 카메라를 눌렀죠.

365일 하루하루가 생일이며 기념일이었습니다.

스치는 것은 인연이요, 스며드는 것은 사랑이라 했던가요,

3년이라는 시간과 살레시오여고라는 공간속에서 우리 모두는 스치는 인연이었습니다.

그러나 지금 우리의 모습은 사랑이라는 또 다른 이름, 끈끈한 우정이 마음속에 이미 둥지를 틀었지요.

이제 어쩌면 좋을까요?

그녀들이 없는 나를 상상하기 싫으니, 그녀들의 목소리를 매일 듣고 싶고 그녀들의 안부가 궁금해지니 꿈을 꿉니다.

다시 그녀들 중 누군가가 그날 아침 풍경처럼 나의 이름을 부르며 학교에 가는 꿈을…….

그리고 소원합니다.

함께여서 행복했고 여전히 행복하자고…….

해맑은 바람에 흔들리는 꽃 잎새처럼

김 영 숙

jihgafs@naver.com

하늘에는 별이 있어 찬란하고
땅에는 꽃이 있어 향기롭고
사람에는 인정이 넘쳐 사랑스럽다

등 외 4편

김 영 숙

조급한 마음에 순간
등을 보입니다

쉽게 단정하고 속단한 마음이
결코 돌아 섭니다

관계가 끊어지는 것은
기다릴 줄 모르는 성급한 마음인 것을

기다림으로 삶의 오솔길을 뒤돌아보고
상대를 이해하는 찰나로 삼아야 합니다

그리움으로 얼마나 더
아파해야 제자리로 돌아갈까요

이미 등을 보인 지금 돌아앉아 마주볼 수 있는
넓은 마음을 열어 안아보면 될까요

먼 옛날 조급함이라, 성급함이라, 생각지 말고
놓고 싶은 마음 뿐,

돌아앉아 안아보고 싶지만
이유는 그리움이 피어나기 때문에
알싸한 느낌으로 등을 보입니다

기다려야 할까요
그가 등을 보기 전에 내가 돌아서는
그 큰 뜻이 열렸을 때
꿈속 기쁨이어라

가을 여자

바람은
내 마음을 흔들고
낙엽은
바람에 흔들리고

쌉살한 바람에
이리저리 휘둘리는 갈대
바람을 이겨낸
국화는
향기로 휘둘리고
가을에
서성이는 여인은
마을을 빼앗긴다

바람에 휘둘린 나비는
이 꽃 저 꽃
옮겨 다니며 맛과 멋을 느끼려니
포만감속에 날갯짓이 생기롭다

노을진 단풍잎에
샛노란 은행잎이
바람에 나풀나풀

여인의 마음은
향기 따라
옮기는 걸음걸음에
가을이 쌓인다.

그때 그 시절

생각하는 소리
해맑은 꽃처럼
들려오는 리듬에
하 많은 사람들 중
보물의 너

바로 가슴에 안고
하늘을 나는 기쁨
영원히 너의 웃음 속에
살아가는 인생살이

살갑게 키워 온
설레임으로 어루만지는 기쁨
오늘, 지금도
손꼽아 기다리던 보물
나와 같이 숨을 쉬며
살아온 너와 나

예쁜 치매

미래도 현재도 없이
과거에 멈춰버린 기억

스스로 할 수 있는 게 없다는 걸 알고
멈춰버린 기억일까
주름으로 덮어진 얼굴로 사는
삶이 버거웠을까

기억하기 싫은 순간을 스스로 지워내고
가장 행복한 시간에서
그 삶을 이어가고 있는 걸까

95세 된 노모는
정제된 시간의 이야기로 신났다

아버지와 결혼해서
알콩달콩 살아간 애기
시아버님이 예뻐해 준 애기

머슴이 다섯이 있었는데
친하게 지낸 애기

밀 심을 때 사람들과 주고받은 얘기
아버지 일본유학 시절
에피소드, 어쩌구 저쩌구
신나서 줄줄이 토해낸다.

그새 중간에
"엄마 나 누구지?"
"내 딸이지~~"
"장 홍(자) 순(자)는 누구고?"
"네 이름이지~~"

아, 지금은 멀쩡하시다
바로 돌아서 물으면 딴소리
끝까지 잡고 있는 게 없다
정신도, 육체도, 기억도 단어도

뭐가 문제래~~
그래도 순한 양처럼 착한 울 엄니
나쁜 말은 입 밖으로 내놓지 못하는
좋은 심성의 울 엄니

"고맙습니다!"
"감사합니다!" 두 단어와
맘에 안 들면 빙그레 웃음으로
대신하는 사랑스런 울 엄니

나도 늙으면 울 엄니처럼
늙어가고 싶다

지금의 당신이 싫어
나쁜 추억은 지워내고
가장 행복하고 좋았던
시간에 멈춰있는 걸까

뵈러갈 때
준비하고 뵐 생각에 신났는데
보고 돌아서는 발걸음은
왜 이리 그리움만
가슴에 에이는지

사랑의 당첨

나에겐 넌 로또야
안 맞아도 안 맞아도
맞춰서 대박 터트린다면
가슴이 열리고
이리저리 맞추다 보면
원하는 행운이 보이듯

잘해주길 바라지만
욕심이라 생각하고
내가 싫어하는 것
안하길 소망하면서…

삶이란 게 원하는 대로
가는 법을 잊었나 봐요

오르막 내리막 갈림길에서
맑았다 비 왔다 구름 낀 날까지
정신없이 살았지요
내 방식대로…

로또는 늘 엇나가고
언제나 대박을 꿈꾸며
진짜 로또는
45개의 숫자 중 6개만
맞으면 1등 돈벼락을
꿈꾸고 살지만

내가 원하는 로또는 당첨이 아니고
진정 나만을 위하여 날 위해 존재하는
당신의 진실된 마음,

마음을 비우고
내려놓았습니다
적당히 해도 로또처럼
사는 방법을…
내가 로또가 되고 당신이 당첨되면…
한바탕 웃고 춤추리…

꽃 필 때 하신 약속
꽃 질 때 기억해 주실까요

박 미 경

springpmk@hanmail.net

詩를 읽다가 한 줄의 사연이 그대를 품은 내 마음인 듯 가슴이 쿵쾅거린다면 나는 저녁 하늘 발그레한 노을로 빛날 것이다

고요한 시간 외 4편

박 미 경

밤이 깊어 진 산자락에
새 한 마리 날아든다
자작나무도 눈을 감고
달빛도 잠시 고독을 무서워하는데

후두둑 소나기 다가와
파아란 풀 섶에 새알들의 생명이 자란다
말이 건너 올 수 없는 자리
마음만 오고가는 물 건너

산 너머 별 뜨는 그 언덕에
내가 버리지 못한 그리움의 새가
천릿길을 다시 돌아
우리가 숨었던 그 숲으로 날아든다

마음에 들이다

별만 초롱초롱한 밤
하늘의 바람이 우리 곁을 찾아온대도
불 꺼진 우리 주소를
어찌 찾을 수 있을까요

차마 창문을 두드리다 잠든 노랫소리를
어느 음표에서 쉬게 할 지
어둠은 말하지 않는데
불 켜고 기다려주기로 해요
별들이 꽃처럼 쏟아져 내리는 밤
우리 다시 꿈꾸기로 해요

해를 보내고 다시 오늘이 오거들랑
가지 끝에 마지막 남은 홍시 같은 고요를 머금고
절집 마당 같은 한적한 마음을 품기로 해요

그리운 옛날

옛일을 기억하기를
콩밭을 뭉갤 듯 천둥치는 바람 부는 새벽에도
고개를 묻으면 두려움을 피해가던
엄마의 가슴에서 전해오던 평화로움

옛일을 기억하기를
맑은 햇살이 문지방을 건너던 아침에
밤새 잠들었던 풀내음이 피어나던 싱싱함

옛일을 기억하기를
세상의 고달픔을 발견한 저녁 뒷길에
개밥바라기별의 위로처럼
백 번을 넘어지고도 그 존재의 위로가 힘이 되어
무릎의 상처를 아파할 줄 모르던 용맹함

옛일을 기억하기를
가지 끝에 매달린 산까치의 방문처럼 내 마음에
손님으로 오신 그대가 영영 주인이 된 채
둥지를 튼 편안함

돌아올 나의 앞날에도
옛일이 기억되기를

산길

산국화 향기
솔솔 풍기는 고갯길을 넘어
그대가 사는 곳

어릴 때
그 고개를 넘어
그대 옥수수 닮은 하얀 잇속을 그리며
마냥 행복 했었네

그대를 만나고 돌아오는 밤
부엉이가 우는 풀숲을 지나도
두려움이란 몰랐었네

산국화 개망초는
앉은뱅이처럼
그날 그 자리에서 피고 지는데

그대는 산길을 떠나
어디에서 피고 지는가

산국화 향기 솔솔 풍기는
그대 살던 집에
그리움의 꽃은 피고 있는데

如如한 약 속

꽃 필 때 하신 약속
꽃 질 때도 기억해주실까

아침 햇살 떠오르던 앞동산에서 고백한 내 수줍음
눈비 뿌리는 겨울 밤 산새도 잠들어 있는 한 지붕
그 말씀 붙잡고 계신가

산나리가 핀 산길에서 떨리 듯 하신 말씀
갈대가 술렁이는 강변에서도 다시 그날처럼
내게 되뇌어주실 수 있으신가

꽃 필 때 하신 약속
꽃 질 때도 기억해주실까

달빛을 안고
딸에게 향한 조각마음

박 미 영

coco0505@hanmail.net

긴 치마 입고 그곳에 가고 싶다,

은빛 달빛 수놓아 양산 하나 들고 그곳에 가 기다리고 싶다

고향 외 4편

박 미 영

떠나 온지 오래라
늘 가슴 한 켠
엄마 품마냥
자리해도
봄, 여름, 가을, 겨울
풍경 속
그 자리에만
멈춰 서 있다

하늘의 운명

무엇을 잡을까
가슴 졸임에 숨조차 멈추고
난, 이미 추천 했고마
그래도
떨리운다 테이블 사람들
이거 저거
본인 적어낸 것들
말하고 덕담 한 두 마디씩
쪼매한 눈에
뭐가 비칠까
손에 무얼 잡을까
본인 소망 응원해도
때로는 비켜가는 찰나
아가는 마패를 잡고야 말았다.

바람 불어서 좋은 날

긴치마 입고 그곳으로 가고 싶다
그 날이 되면 머리도 묶지 않고
그 곳에 서고 싶다
혹시, 햇살 드리우면
예쁜 수가 놓아진 양산 하나 들고서
그 곳에 머무르고 싶다
아마도 돌아가는 것 마저
잊어버리고서

배웅

어디를 가는지
집 떠나면 고생이라는 것
안다 해도
어찌 할 꼬마 기어코 가야 한다니
눈물을 감추며 너를 보낸다

가거들랑
기다림에 지쳐 앞 못 보거든
왔다고 나에게 고하지 말 것이니
잘 가게나 그리운 친구여.

소원

꿈에서 깨고 싶지 않아
오늘은 엄마 만나는 날
그러려면
깨지나 말지
엄마의 사랑
엄마 치마끈에서 떠날 때도 되었건만
엄마의 가장 자리에는
언제나 걱정에 손을 놓지 못한다
그 조각 마음이 가슴에서 떠나지 않는
간절한 기도의 손

마음 속에 마르지 않는 샘

서 길 녀

010-5509-7576

물안개 시나브로 번져 스치는 너의 고운 미소
볼 수 없어 세월이 녹아감을 아쉬워하며…

문 외 4편

서 길 녀

감긴 눈으로 벽을 더듬는다
멍든 아픔은 나눌 수가 없네

오늘은 쓸게 없다는 아이의 일기
초등학교부터의 숙제가 겹쳐진다

시간은 상처를 아무르지만
아픔의 기억은 가슴에 고여 있네

긴 울음 울고 난 뒤의 생채기처럼
몸 부르르 떨린다

마알간 초겨울 하늘색이
예정할 수 없는 내일을 열고 있다

어머니

땅 끝까지 흐르는 사랑
오늘도 몸으로 느끼는 그 정성
눈물 쏟아 질 것 같아
부를 수도 없는 엄마
그 치마 폭에 안기고 싶어

엄마 손은 우리 재산의 그림자
우리 집 전설적인 손마디
생명을 이어주는 가문의 보물
어디서나 무엇을 만들어도
웃음꽃 향기로 변하는 어머니 손

마른 논에 물 들 듯
마음으로 몸으로 채워주시며
거울 속 내 얼굴에 엄마 얼굴 겹쳐지고
닮아가는 그 목소리
언제나 그리움이 가슴을 메우니
영원히 손잡고 따스한 정 느끼며
그리움에 산다

친구

잘 살아
내 몫까지 살아
말 한 마디 없이
내 곁을 떠난 너

시방 내 곁에 없는 너를
어떻게 떠올려 시를 쓸까

그리운 노래
철썩철썩 거리는 파도소리
바닷가를 거닐고 싶어도
물안개로 퍼져 사라지는
너의 고운 미소 볼 수 없어
세월을 싫어하며 살고 있다

그립다 하니 정말 그립구나
모든 것 껴안고 소리 없이
흐르는 강물처럼
속울음 감추고 숨죽이며
고통의 눈물로 베갯잇 적실 때
문득 내 곁의 너를 느끼며
가슴이 메인다

생의 연습

몸은 쇠하여도 마음은 늙지 않는 것이
인간의 불행이라 했던가
엄마는 쉬는 시간 없이 몸을 움직였고
어제도 오늘도 심심해서 하는 일
형태는 달라져도 무엇이던 하고 있는
나를 본다

적막한 공간의 무료함을 떨치려
책을 펴고 음악을 듣다가
그래도 아쉬움에 티브이를 틀고
집 앞의 백화점 배회도 하고
누군가 만나서 말고픔을 해소하고 싶은데
만날 사람이 없구나

사람들은 부대끼고 치대고 살아야 함이
절절한데
팔을 다 펼쳐도 부딪치는 손길이 없으니
빨리 온나…
정신적 운동의 하나
시상을 떠올려 가슴을 살려고
하늘을 걷는다

사랑

존재한다는 것, 생각만 해도
가슴이 따뜻해지는 말

이바구 가리던 옹졸함도
다 품어주던 언어의 유희들들

늙어 가며 멀리 보낸 사람을
옛사랑 마음으로 그리워하니

그리움으로 내 삶에 하나 된 그대
그 사람을 사랑합니다

춘서의 꽃향기에 푸릇한 내음

윤 정 자

yjj550724@daum.net

태고의 전설이 피어나듯 굴뚝 연기 천상에 오르고
순정의 봄바람에 설레는 처녀 가슴

아침이슬 외 4편

윤 정 자

문풍지 사이 삭풍이 스칠 때
찬 기운 스며들고
허연 광목 이불깃을 잡아당겨
턱밑까지 여미는데
해님이 솟아올라 잠을 깨운다

낙엽 쌓인 풀섶에
떨구는 이슬은 기다림으로
나뭇잎 끝에 정을 뿌리고
손사래치며 갈 숲속으로
해맑게 뒷걸음하며
오색 빛살을 발하네

찬 서리 수북한 비옥한 땅
늘 그랬다는 듯
논둑길 서릿발은
바짓가랑이를 적시니
더딘 걸음 하나만
햇귀를 따라간다

봄처녀

태고의 전설이 피어나듯
굴뚝 연기 천상에 오르고
순정의 봄바람에 설레는 처녀가슴
허한 속살로 녹아난다

일렁이는 연기 속에 사연
풀잎에 침묵으로 어깨동무하며
외로움으로 멀어지고
하 많은 세월은 안개 속으로 빠져 들어가네

황량한 벌판
세찬바람
높다란 눈 속에 섰어도
살랑 이는 꽃 속에 있는 듯
하늘처럼 부푼 마음
흔적 없이 스쳐가는
파도처럼 아무 것도 아닐 진데
솟을 대문처럼 높기만 하여라

행복

봄날, 따스함 바람내음 얼마나 지났나
봄 꽃향기 산천으로 흩날려갔다

산속, 뻑 뻐꾹 울어 줄 봄날이 되었다
소쩍새 솥 컹 솥 컹 함께 울었다

들녘, 꽃향기 여울지운지 얼마나 되었나
햇볕이 반짝거리는 금새여름날이다

농부, 가뭄에 애타는 고단한 기다림에
한 줄금 비내려주는 땡볕이다

한 여름, 시원한 마파람 해질녘 불어와
등줄기 땀 잠방이는 애저녁에 말랐다

마루 끝, 무더위 삭히는 고단함 사랑의 물길이
다정도 한 대접이어라

마당 모서리, 모깃불 피워놓고 마루에 둘러앉아
두레반상 밥숟가락 한울타리 함박웃음

화장

신 복 님 어머니~~

어머니는 신 복자 님자를 쓰고 계시며 아흔셋 연세를 사시도록 모든 것에 긍정적이신 말씀 '그리치 뭐', '그랴'라는 말을 항상 입버릇처럼 말씀하신다. 열 남매를 낳아 길러 제 앞가림 다할 수 있게 손발이 다 닳도록 아버지와 함께 천직인 농사를 지으시며 희생하신 지금도 건강하신 무남독녀 친정어머니, 이런 어머니께서 그 고운얼굴에 마지막으로 화장을 하신 그날을 내가 봤던 가장 아름다운 시간이 아니었을까 기억해본다.

어머니시기 이전에 여자의 모습을 모든 분들에게도 보이고 싶으셨으리라.

그러니까, 1993년 5월 중순, 화창한 날. 형제 중 스물여덟 살 된 막내 여동생의 결혼식 날(지금 51살)이었다.

어머니는 '결혼식장으로 가지고 갈 음식을 차에 다 실어라.'하시며 주섬주섬 챙겨주시고 서둘러 따뜻한 물에 세수도하시고 머리도 감으시고 인생 세월을 말해주는 두툼하신 손에 먼지가 살포시 내려앉아 있는 스킨과 로션을 열어 오랜만에 얼굴과 손에 바르고 계셨다. 딸들이 화장품을 사드리고 바르시라고 채근하지만 "아이구 야덜아 그걸 언제 바를 시간이 있어야지, 들에 나가기 바쁘지, 느덜이나 도로 갔다 쓰는게 낫것다." 결국 새것은 놓고 쓰시던 것은 가져오기 다반사였다.

수건으로 머리를 감싸고 준비해놓은 한복을 곱게 입으시는 그 모습은 참 고우셨다. 부모님과 결혼 전까지 농사지으며 살던 이 셋째 딸이 그래도 부모님은 만만하신 것 아니실까? 부모님은 내게 늘 미안해하신 것을 보았다. 아무래도 소아마비 때문에 다리가 불편한 딸이라서 그러실 게다

따스함이 몰려오는 5월, 열자식의 마지막 혼사를 치르시는 부모님은 봄날의 들판에서 햇볕에 검게 그을린 얼굴이시지만 건강하시고 고운자태이시니 한없이 감사함에 눈물이 울컥 나오고 말았다. 헤어드라이기를 갖고 있는 내 앞 의자에 앉으셨다. 몇 년에 한번하시는 파마를 막내딸 혼사를 앞둬서 며칠 전에 하신 뒤라 손질해 드리기가 쉬웠다. 마침 한복 두루마기까지 차려 입으시고 준비를 끝내신 아버지(2002년 79세의 연세로 돌아가심)께서 어머니를 가만히 내려다보시고는 "입술이랑 이쁘게 바르고 햐!"하시며 내게 더 부탁을 하셨다.

"정자, 니가 머리 손질도 했으니께 그 뭐시냐 얼굴도 좀 뽀얗게 해서 이쁘게 해주고, 입술이다가 루준가 그것도 좀 해드려라."

"아버지 보시기에 안 예쁘세요?

그 말에는 허허 웃으시며 아버지는,

"아, 인제 마지막인디 원제 또 이쁘게 하것어? 임자

도 이쁘게 해달라구 햐."

아버지는 어머니를 참 아끼셨다고 늘 생각했다. 팔베개를 해서 주무시는 모습을 여려서도 늘 보았으니 말이다. 생활개선부녀회 대전연합회장을 하시며 새마을교육이라고 지방과 시내의 일정을 다니실 수 있고 농사일에 지장이 있을지라도 최고의 외조를 해주셨던 것만 봐도 알 수가 있다.

외할머니를 닮으신 어머니의 옆모습이 고우셨다. 의자에 앉으신 그런 어머니에게 곱게 화장을 해드리려 어머니등 뒤에 서서 아버지의 인자하신 모습을 또한 보았다.

"예~~, 그럼 아버지가 봐 주세요!"

연하게 화장' 마친 후 입술화장을 연한핑크빛과 약간 붉은 것 두 개를 섞어서 발라드리고는 앞에 계신 아버지께 "아버지 엄마 어떠셔요?"물었더니 "이쁘게 됐구먼 그랴."라고 맞장구를 치신다. "엄마 아버지가 이쁘시대요!"라는 내 말에 엄마는 "늙었는디 뭘?"이라 하셨지만 아버지 말씀이 좋으신가 보다.

아버지는 이내 "화장 안 해도 느 어메도 이뻤지."하시며 "임자 준비 됐으믄 얼른 나서서 가자구."라며 먼저 나서셨다.

아버지는 셋째사위의 '스텔라' 승용차에 엄마와 나란히 앉으시며 사위에게 "자네, 장모가 오늘은 주인공 이니께 이쁘야지!"하며 은근이 자랑을 하신다.

어머니가 농사짓고 늘 바쁘시니 언제 '화장'을 하셨을까? 두 분이 다정스레 앉아계시니 보기만 해도 미소가 지어졌다. 어머니의 조금은 주름진 모습 아버지가 보시는 앞에서 '화장'한 고운모습이 만족스러우신 듯해서 잔칫날이 더욱 빛이 났다.

눈이 내리고

반짝하던 햇빛은 구름에 덮여 온다간다 말도 없이 쏜살같이 지나가고 때 이른 저녁이건만 함박눈이 펑펑 내려온다.

"임자 눈이 쌓일 만큼 올라는 개비네 물 더 길어야 되것잖어. 가서 나무 좀 한 짐 더 해올라네."

"댕겨와유 그르찮어두 서너 번 지러오믄 되것어유."

점심이라야 자식들 많은 탓으로 뭘 드셨을까만 찐 고구마 두어 개일 텐데 열 자식 둔 아버지 어머니 마음이 늘 분주하시다.

나무야 가으내 틈틈이 해다가 헛간에 켜켜이 쌓고 쌓은 게 산더미이건만, 여전히 부족하신지 지게 작대기 챙기시는 게 앞산에 오르실 양이시다.

두 분의 걱정하는 맘과 달리 내리는 눈은 야속하다.

"눈이 솔찬히 오는 것이 내년이는 풍년이네 풍년이여!"

아버지가 큰 헛기침을 하시고 나가시니 뒤이어 어머니도 등에 빈 물지게를 흔들거리며 사립문을 나선다.

짧아진 동지섣달 해가 뉘엿뉘엿 넘어가는 것이 걸음을 서두르는 게다. 아버지 걸음보다 서너 배는 빠르게 넘어 가는 듯 하고 집집마다 뿜어대는 희뿌연 연기는 머리를 풀었는지 흔적 없이 사라져 해거름에 앞산은 이내 밤으로 내리닫고 있다.

내리는 함박눈은 쉴 틈이 없이 앞산을 덮고 내 집 마당까지도 덮어놓고 있다. 앞산 오르신 아버지 한 짐을 못 하셨는지 내려오실 기미가 없으시다.

"야덜아 아부지 날 저물어 가는디 그만 내려오시라구 불러봐라."

"아부지이 갈수록 눈 쌓인다구 그만 내려오시래유."

목청 높여 불러보지만 메아리로만 되돌아올 뿐 대답도 없으시다.

어머니는 가마솥 서너 개에 애 저녁에 길어온 물을 그득히 채우고 군불을 지피셨건만 아버지는 아직이시다. 헛간 나무 청에 빼곡한 나뭇단은 아껴두시는지 정월 대보름 지나 때려고 하시는가 보다.

마루 끝에 까치발 딛고 선채로 아버지 걸음을 쫓아본다. 갈참나무, 청솔가지 한 지게 가득 지셨다.

아버지 다리는 새 다리요 나뭇짐은 산만이나 하네.

어쩌나 나무로는 부족했는지 머리 위는 함박눈 한 무더기 덤으로 이고 오셨네.

"아부지 머리카락에 고드름 달릴 것 같은디유."

부엌에서 부지깽이 손에 든 채 나오시던 어머니도 머리에 썼던 수건을 벗어드리며 "여깃구먼유 언능 눈부터 털으셔야것어유." 한다.

헛간에 털썩 부린 나뭇짐 꼭대기 고염나무 한 가지 얹혀온 것은 늦은 밤 자식들 입이라도 즐거워라 해오신

게다.

갈참나무 청솔가지 가득 채워 고래 꾸녘[1]은 타닥타닥 소리 내고 불꽃까지 튀기며 마냥 즐겁다. 군불 때는 어머니 눈물 반 콧물 반에 콜록 이며 누런 광목 앞치마가 끄름에 젖는다. 희뿌옇고 매캐한 연기가 한바탕 지나고 붉게 타는 아궁이 불은 안방으로 작은방으로 사랑방까지 뜨끈뜨끈 데워 쩔쩔 끓는다.

넓은 두레 반 상 두 개, 온 식구 둘러앉아 밥 한술에 시끌벅적한 저녁이다. 별 찬도 없는 배추김치에 동치미 한 가득 이건만 '하하 호호' 무에 그리 좋았던지 말이다.

방바닥에 배 쭉 깔고 숙제하는 대여섯 자식, 아버지도 방문에 비스듬히 기대신 채 책을 보시는데 뭔 책인가 여간 궁금한 게 아니다.

어머니는 구멍 난 양말 이 셀 수도 없는지라 밤마다 실 꿴 바늘과 씨름하신다. 우리들 발에 특별히 달린 것도 없는데 허구한 날 구멍을 내고 있으니 외할머니의 애꿎은 걱정만 늘어 가신다. 찬바람 쌩쌩 부는 차디찬 저녁, 문풍지가 펄럭거리고 덜컹거리는 방문고리도 심란스럽다.

고즈넉한 산골마을, 열여섯 채 초가집 처마 끝에 맑은 고드름이 몸 매단 채 달빛 별빛에 빛을 발하고 있다. 웃집 널리리 기와집 처마 끝에, 뒷동산 높다란 소나무 끝에, 상수리나무 잎 끝에 매달려 있어서 겁나기

1) 구멍의 사투리

도 하겠다.

아버지가 "숙제 끝냈으믄 그만 자자." 하신다.

"예에~~."

동생은 해찰하다 못 끝냈건만, 공책부터 탁 소리 나게 덮어버린다.

바다 수평선 위에 물안개처럼

이 인 선

mirinae2203@hanmail.net

산 넘고 물 건너 그곳에 가면 소리 없이 바람 따라 가버린 작은 새소리를 만날 수 있을까

가을 나들이 외 4편

이 인 선

모진 바람에
흔들리는 꽃잎 사이
열매 영글어가나니
상처 난 몸 한 아름
비바람 스칠 때마다
사랑 꽃 피어
웃음이 영글어가네

비에 젖고
바람에 스쳐지는 들꽃
따가운 햇살 속에 영글어
꽃 피우니
벌 나비 꽃술에 앉아
시간사이 흔들림에
꽃잎 붉어지네

삶이란 그런 것이거늘

해는 지는데

햇살 가득한 서녘
서산 너머
뉘엿뉘엿 사라지며
가는 길 어디냐 묻네

허공에 줄지어 가는 새
하늘 아래 피안의 세계
찾아가는 모습
그리움
쌓이게 하네

잦아드는 어둠속에서
재 너머
찾아가는 마을
실 가닥 같은 빛살
가는 길 밝혀
행복한 그 곳으로 인도하네

저무는 길
영원을 그리던 나그네 길

집

어스름 저녁
살그머니 문 열면
손짓하며 반긴다

세월에 바랜 흔적
예쁜 옷 갈아 입혀
가슴에 꽃 달아주고
치맛자락으로 햇살 가리워
불 밝히면
따스함으로 가득한 둥지
설레는 마음에
미소 보낸다

빈 마음으로
삶의 무게 내려놓고
가랑잎 지는
소리에
긴긴밤 꿈꾸며
새벽 맞으리

온기로 반기는
영혼의 집에서

사랑

산 넘고 물 건너
그곳에 가면
만날 수 있을까

격동의 한 세월을
온 몸으로 적시며
살다 가신
내 어머니

발돋움하며 커가는
어린자식들
밥 한 술 더 주려
얼마나 숨차게
살을 에는 아픔 견디었을까

화수분 같은 사랑
보석같이 빛나고
단단한 마음
바다의 마음

영원히 마르지 않는 삶의
샘물같이 흐르는
어머니 사랑

아버지

바람결에
사르르 실바람 불어오는
비릿한 내음
향기롭게 느껴지는 바다 향이어라
밀려오는 파도소리 소라귀되어
철~썩 철~썩

하루살이 같은 생에
풀잎 같은 희망 안고
늘 그 자리에 서있는
큰 물기둥처럼
어린 마음을 지켜주시던
아버지

남기고 가신 꽃구름 마음
그리움 되어 밀려옵니다

넓은 등에 업혀
살포시 잠들었던 아가는
중년이 되어
꽃구름 안고 불어오는

바람을
남기고 가신 그 크신 마음인 양
치마폭으로 안아봅니다

노을 진 수평선 너머
아스라이 멀어져가는
그리움
그리움이여

성령의 바람은 빛의 은총

이 향 숙

ihsook5822@hanmail.net

산. 구름. 그리고 물안개가 내 마음속에 맴돌아
온 누리의 향기 드리운 은총이 충만하네

배웅 외 4편

이 향 숙

제 한 몸 불태우며
온 누리 밝히고 살피고 나누다
기진맥진 한 듯 상기된 얼굴

하룻밤 지친 몸 쉬지 못하고

또
내일의 사명을 위해
떠나는 발걸음 거룩한 역사

다시 만남을 기약하며
두 손 모아 기도합니다
내일 또 다시
만날 수 있기를…

휴(休)

북한산 날망
하늘에 닿으니
하늘 구름 내려와
산허리를 품고

신비롭고 아름다운
한 폭의 수묵화

산
구름
그리고 물안개

내 마음에 담아가네

고향

그립다
하니
그리워

꿈길 따라간 고향
시큼한 싱아 한 입
베어 물고
눈 한 번 질끈 감고
시커먼 깜부기 한 입 덥석 물고
마주 보고
하늘보고 하 - 하 - 하 -

아련히 떠오르는
그 옛날의 노스텔지어
슬픈 어린 날의 뒤안길

뒷동산 싱아밭
바람에 너울대는
비단이불 보리밭

문명의 이기 앞에
흔적 없이 사라진
슬픈 어린 날의 추억이
그리워라 그리워.

초가집

알알이 여문
낟알 털고
뽀오얀 속대 가지런히

보드란 손
거스름 일도록
새끼 꼬고 이엉 엮어

모두 땀 모아
세월이 쌓인
이불자락
켜켜이 정이 들고

처마 밑
포근한 보금자리
고맙다는
참새들 노래 소리

오늘도 모든 시름 날리고
달콤한
꿈결의 나래를 접는

아늑한
영혼 쉼터
따스한 둥지

바람 불어 좋은 날

어디서 와서 어디로 가는지
알 수 없는 임의 손길
살며시 찾아와
꽃잎에 입 맞추고
잎새 끝에 송골송골 맺힌
이슬방울

막히고 쓰라린 아낙의
가슴 한 켠 응어리
부드러운 손길로
사랑스레이 어루만져주니
따사로운 햇살에
눈 녹듯 사라지고

살포시 찾아온 평안
이 충만한 축복
진정 성령의 바람
빛살의 은총이어라

흐르는 물결 따라 노을진 장밋빛

이 흥 순

bibianna51@hanmail.net

어느 날 낙엽 떨어지는 소리에 잠은 멀어지고
고즈넉한 새벽녘에 소쩍새 울어 열제
남 몰래 시 한 수 허공에 띄워보리

끝이 아니다 외 4편

이 홍 순

끝이다
생각했다

차가운 비바람에
낙엽 우수수
마지막 한 잎까지
떨어져 버릴 때

너를 보내고 돌아오면서
나 또한 저 나목과 같음을

다시는 푸르른 날 없을 거라 절망했다

눈 오고 겨울 가고
얼음 녹아 흐르니
다시
또 봄

나목 가지마다
초록 순 돋아나고
꽃피고 새들 와 지저귀네

얼어붙은 내 가슴에
따뜻한 눈물이 솟고
나는
다시 꿈을 꾼다
나목 옆에서

꿈 깨다

고무신 거꾸로 신었다고
그럴 수 있느냐고
너는 화도 안냈었다
말 한 마디 없었다

잘 지낸다 잘 있느냐 편진 주고받았어도
사랑한다 결혼하자
그때 우린 아무 약속 없었잖아

느닷없이 군대 간다 창문 한 번 두드리고
기다리란 말도 없이 떠나버리고서는
이제 와서 어쩌라고 내 맘 흔드는 건지

30년 뒤 다시보자 나도 잊은 그 약속을
너는 들고 나타났다 한 번 보자고
현모양처 요조숙녀 손자 보던 할머니가
어쩌라고 따지듯이 혼자 투덜대면서도
저녁준비 하다말고 뛰다시피 달려가네

젊음이 넘쳐나는 신촌거리에서
30년 세월은 흔적 없이 사라지고

너와 난 스무 살이 되어버렸다
흰머리를 보면서도 서로 나눈 첫인사가
옛날 그대로다 호호 깔깔 허허 껄껄

어쩜 우리가 타임머신 탈 줄이야
그때처럼 밥을 먹고
그때처럼 영활 보고
그때처럼 들어간 노래방에서
너와 내가 부르는 건 30년 전 옛 노래들
흐르는 세월 따라
함께 흐른 너와 나
청춘 남녀 간 곳 없고
열정 용기 이젠 없네
세월 탓을 한들
이제와 화를 낸들
달라질 것 하나 없다
우리에겐 현실만이 있을 뿐이다

아픈 만큼 성숙

눈물보다
분노가 앞섰습니다
슬픔보다
기막힘이 더 컸습니다

어쩜 이럴 수 있느냐고
왜 나에게
이런 일이 생기는지
세상일 다 주관하신다는 분이 계시는
하늘에 대고 좀 주먹을 쳤습니다

아무리 바쁘셔도 그렇지
그동안의 내 기도는 어찌하고
그 사람을 지켜주지 않았느냐고
전지전능 하다는 것
다 뻥 아니냐고
코웃음에 비웃음도 섞었지 싶습니다

그렇게 세월이 흐르고 흘러
눈물 콧물에 딱지 생기고
슬픔도 기막힘도

지쳐 가라앉을 때
체념인지
포기인지
모를 믿음이
흐르는 물결 위로 앙금을 풀어
푸른 풀잎을 띄웠습니다

나도 함께 흘러흘러 가면서
들여다 본 이웃 풍경
나만 아픈 게 아니었음을
나만 힘든 게 아니었음을

내 불행은 불행도 아니었구나
나는 저렇게는 살지 못했음을

이웃의 아픔이 내 아픔이 되어
차디찬 내 심장에
뜨거운 피 흐릅니다

이보다 더 좋을 순 없다

침대에 반쯤 누워
커튼 사이로 들어 온 아침 햇살이
이불 끝자락에 머물다
방바닥을 지나 벽을 타고
천정으로 올라가는 것을 바라보며
커피를 마신다

창문 틈으로 바람이 들어와
커튼을 흔든다

뜰의 대나무들이 온 몸을 흔들며
내는 쏴쏴 소리를 들으며
소파에 기대어 티브이를 본다

맛있게 구워진 고구마를
동치미와 함께 먹고 아점을 때운다

엊그제 사 온 책을 읽다가
소파에 누워 깜빡 단잠을 자고
맛난 콩밥에 고기를 몇 점 구워
이른 저녁을 먹는다

다시 또 커피 한 잔
따뜻한 물에 반신욕을 하면서
시 한 편을 생각하고
치즈 한 쪽을 안주로 술상을 차린다
한 모금 한 모금
단풍처럼 붉은 와인을 넘기니
씁쓸 달콤한 행복에
온 몸이 짜릿하다

알알한 취기로
밤이 깊어간다

마지막 사치

능력 밖의 꿈인 줄
알면서도

낙엽 한 잎 들고 와
밤을 새우고

허영이고 허세다
하면서도

갈비 오는 소리에
잠 못 이룬다

어느새 낙엽 떨어지고
눈 비 내리는데

누가 뭐래도
책 한 권 내고 싶다
작가 이름 달고서

오로지 네 맘 한 번 훔치고 싶다
내 글
한 줄로

한 줄기 바람의 숨결

정 미 란

arirang1207@daum.net

인생은 한 낱 바람 앞의
덧없는 촛불이련가

호숫가에서 외 4편

정 미 란

눈부시게 빛나는
사월의 맑은 햇살 아래
찰랑이는 잔물결에서
고요함을 보았습니다

떼 지어 노닐며
자맥질하는 오리 가족들의
정겨운 모습에서
사랑을 보았습니다

별것 아닌 나뭇가지를
주워 들고 아빠에게 매달리는
꼬마 아이에게서
천진난만함을 보았습니다

낚싯대를 드리우고
친구들과 담소하는
강태공들의 모습에서
우정을 보았습니다

풍경화를 그리던
곱게 늙어가는 초로의
할머니 화가에게서
삶의 완숙함을 보았습니다

눈물나게 아름다운 호숫가에 앉아
사랑하는 가족들을 떠올려봅니다

내 앞에 놓인 수많은 시름들
끝이 보이지 않는 어둠의 터널
잠시 머언 그리움인양
저만치 떼어 놓았습니다

내 삶의 무게에 짓눌려
벼랑 끝 서 있던
그 어떤 순간에도
사랑하는 나의 가족은
오롯이 내 편 되어
매 순간순간 늘 함께 하고 있었음을
이제야 알았습니다
떠나있던 건 나였음을

마음의 정원

행복이 샘솟고 웃음꽃 흐르는
빠알간 화원으로 오세요

사랑이 자라나고 기쁨 가득 찬
분홍빛 화원으로 오세요

희망이 피어나고 소망 물드는
푸른 화원으로 오세요

풍요가 넘치고 마음밭 충만한
노오란 화원으로 오세요

건강이 내려 앉고 시름 사라진
초록빛 화원으로 오세요

행복…… 빨강등
사랑…… 분홍등
희망…… 파랑등
재화…… 노랑등
건강…… 초록등

간절히 원하면 이루어지는
마음의 정원에
곱게 자란 바램들 담아
앞마당 가득
오색등을 밝혀요

- 부처님 오신날 진관사 마음의 정원에서

비 오는 소리

새벽빛 어스레히
밝아 올 때까지
헝클어진
깊은 상념에
잠 못 드는 밤

째깍거리는
초침 소리만
적막을 깨우듯
야속히 흐르는데

돌연히 찾아온
비 오는 소리
참 좋구나
진정, 너는
나의 작은 애인

호들갑을 떨며 와도 좋고
대찬 장대비여도 좋고
부끄러운 새색시 같아도 좋아

홀로인 깊은 밤에
반가운 손님인 양
방울방울 떨어지는
보석 같은 생명수

천지사방에
소리 없이 나린 빗방울
주고받는 물길 속에
생명의 온화함으로

푸른 하늘을 꿈꾸는
행복이 오는 소리

촛불

겹겹이 설움을 덧칠한
적막강산에 바람이 분다

생은 한낮
바람 앞의 덧없는 촛불이런가

바람이 이끄는 대로
속절없이 흔들리다

더욱 세차게 몰아치면
금방이라도 꺼져 버릴 것 같은

모진 바람의 언덕에서
한 가닥 실낱같은

희망을 매단
벼랑 끝 작은 불씨 하나

순간
어디에선가 홀연히 일어

살뜰히 귀띔하는
한줄기 바람새[2] 숨결에

스스로 불꽃이 되어
활화산처럼 타오른다

무구한 눈으로
고요를 기다리고

움트는 새순처럼
부푼 꿈을 꾸고

더운 심장으로
열정을 일으켜

뜨거운 가슴을
남김없이 태우리

그리고 나서
바람의 일을 이해하리라

---

2) 바람새 : 바람씨. 바람이 부는 모양.

봄하늘

잰 걸음 이끌던
된 겨울에 작별하고

나를 휘감고 흐르는
꽃바람이 좋아라

싱그런 봄빛 가득 머금은
쪽빛 하늘이 좋아라

그대 맑은 영혼 같은
결 고은 노을빛이 좋아라

사랑도 세월도 다 이별 속에 있는 것

정정식

jjk8903@hanmail.net

사랑이란 은행나무도 그 멀리서도 마주보기만 한다면
꽃을 피우고 열매가 영근다는데…

인생의 뒤안길 외 4편

- 마루와 웃음

정 정 식

간밤에 어스름하던 하늘에서
세월이 가고 나니 자드락비가 되어
새벽이 되니 실비가 내린다
자드락비 속의 한 토막 에피소드 되어
추억의 기억이 남는다
검정옷깃 세운 에스라인 원피스
하이힐 신은 뒷모습의 여인스럽던 자태
느낌대로 인생 가는 모습
생각하니 마음이 짜릿하다

방앗간집 막내딸

분홍색 티셔츠
청바지에 하이힐이라니
후리후리한 몸매
바람에 흔들리듯 그 흔들림
건들건들 거리며
아침 댓바람에
마을 길섶에서
누구인가 기다리는 몸짓
때가 되면 사랑이 꽃피기 마련
은행나무도 마주 보기만 하면
그 멀리에서도 꽃을 피우고
하찮은 열매를 영근다는데…

한 송이 꽃

꽃은 피어날 때
향기를 토한다고
알 수 없는 정원의 꽃
언제 피었는지
향기를 마음속 가득
울림으로 스치네
평화로운 사람들게
한 송이 꽃이 피어나 듯
침묵하고 있어도
저절로 향기가 나는
그대들이
바로
한 송이 꽃향기였으면
좋겠네

호암 물그림자

어린 시절 마음 속 아름다운 그림을 그리던 호암저수지
눈 내리던 날
가랑비가 사르르 머리에 내리던 날
고즈넉한 분위기에 아무 상념 없이
살며시 발맞추며 한 바퀴
겨울이 되면 얼어붙은 얼음 위
피겨스케이트가 날아들고
기다리는 마음으로 하나가 되어 찾던 곳
반짝거리며 빛나던 수평선 위 물초롱이 부서지고
그 옛날 보다 지금은 작아진 호수의 그리메
단숨에 뒤돌아보는 생태공원들의 싱그러움
오늘도 그 옛날의 추억을 가슴에 그려본다

문학

생각한다
고로 존재한다!
생명이 존재하는 한
감정은 있는 것
인간의 삶속에
생성된 경쟁이 있기에
그 속에 생각한다는
감성이
바로 사고력에
문학을 삶의 윤활유로
생명선을 이어가는 것이
바로 예술이요
문학이라 본다

휘영청 밝은 달아,
달 항아리 빛살로 온 누리에

조경옥

joehappy@@hanmail.net

해맑은 물속에 달그림자 여울대니
계수나무 그리워 물속에 잠들고 싶네

행복이어라 외 4편

조 경 옥

하루 종일 하늘엔 구름 머물고
산마루엔 안개비 가물거릴 때
기다리는 마음을 행복이어라

갈매기 인사

파란 하늘에 갈매기 너울너울
바람타고 노래 부르네
산둘레 물장구도 신이 났구나
파도야 갈매기야 춤을 추어라

뱃고동 소리 따라 휘도는 바람 따라
동으로 남으로 끼욱끼욱 노래하는데
뱃사공 가슴을 쿵쿵 고동친다
만선이 아니면 또 어떴소!

한가위

휘영청 밝은 달아
능수버들 늘어진다

해맑은 물속에 달그림자 너울대니
계수나무 향기 풀 속에
잠겨나 보자

임이 오시네

들국화 향기 사이로
살랑바람 불어오네
치맛자락 살짝 걷어 올리고
임이 오네 내님이 오시네

금빛 억새풀잎 사이로 바람이 부네
바람이 춤추고 꽃잎이 날리네
가을이와 향기는
두 손 꼬옥 잡고
신혼여행 가나봐

님이 오네 님이 오시네
국화 향기 바람 타고
님이 오시네
산자락 풀잎들이 축하연 벌였네

변신박사 내 친구

어려서부터 할매가 된 지금까지
앞으로도 영원한 내 친구
너는 몸이 약해서 운동은 뒤처졌어도
그래도 네 별명은 천재였지

미대에 가서 그림 그리기를 열심히 하여
미술작가 되어 교사도 하고
화백으로 명성을 날려
개인전은 물론 일반 그룹전도 하더니

어느 날 건축가로 변신하여
또한, 요사이는 농부 아즈매가 되어
천재적인 변화를 가져오는 너는
바로 나의 분신 같은 친구

이 시간도 너의 손길이 닿은
배추와 무로 우리 집 부식을 만드니
어찌 아니 좋을시고

감나무에 걸린 까치밥처럼
맛을 아는 우리 집 식솔들

꽃바람이 불어오고 산천초목이 푸르르고

조 례 자

vitamin5599@naver.com

하루에 한 번은 감동을 주는 사람이 되자

봄바람 외 3편

조 례 자

그림 그리기를 밥벌이로 했던 너는
꽃을
좋아해
꽃 그림을 그렸지

남대문 지붕 위 오합지졸의
일곱 개의 잡상
아무도 알아주지 않는 그 어처구니
얘기를 들려주었지.
너는 남산에 티어나 자라고
가난하지만 모르는 게 없는 너는
남산골샌님

딴딴딴 따다다단
딴딴딴 따다다단
따다다 다단다
♫♫♫ ♩♪♪♫
♫♫♫ ♩♪♪♫
♩♪♪ ♪♩♪

봄이 온다
봄의 소리가 들린다.
봄의 교향악이 온 누리에 울려퍼진다
너는 어디로 가는 여행티켓으로 그렇게도 긴긴 여행길에
오르고 올랐단 말이냐

연신내 사랑

금요일은 연신내에 가는 날이다. 셋이서문학관을 찾아서…….

문학관 뒤에는 서울의 큰 산 북한산의 정기가 흐르고 앞에는 아름드리 큰 느티나무, 버드나무 잎이 진초록으로 초여름의 빛을 발하고 있다.

겹겹이 한옥으로 둘러싸인 이 문학관. 고즈넉하고 그윽한 옛 정취가 풍기는 문학관 한옥에는 물레시인 정인관 관장님이 계신다. 그리고 정정숙 여사님이 계셔 이곳은 아주 정갈하며 반들반들하고, 은희 선생님이 있어 생강나무 차를 대접받을 수 있어서 행복하다. 군복무 중인 착하고 예의바른 이재은 학생이 있어서 든든하며, 또 한 분의 젊은 청년 한명에 나까지 가면 6명이 모인다. 이 6명의 조합. 어울릴 듯 안 어울릴 듯 정겹다. 사모님의 음식솜씨는 정평이 나있고 김치, 호박죽은 아주 일품이다.

2층으로 올라가면 "나 하늘로 돌아가리라 / 가서 아름다웠다고 전하리라" 천진난만한 천상병 시인의 시가 있고, "나는 걸레 / 괜히 왔다간다" 중광스님의 작품세계를 볼 수 있다. 단어 하나를 쓰기 위해 한나절을 보내 군더더기 없는 작가 이외수의 습작품, 시, 침구 등이 전시되어 있어서 이 기인 3인방. 그들의 작품을 통해 그들의 삶을 엿볼 수 있다.

현재도 미래에도 이 기인들을 뛰어넘을 기인들은 앞으로도 없을 성 싶다.

내 고향

봉숭아
채송화
나팔꽃
맨드라미
꽃바람이 불어오고 산천초목이 푸르르고

넓고 푸른 바다가 있다.
나루 건너 집 한 채
나는 늘 가고 싶어 했었고
그 집엔 김희수가 살았었지

가을엔 옆집 담 너머 사이로
시루떡이 오고가고
빠알간 물앵두 한 가득 바구니에
담아오시는 당숙모

숫재 가는 길에
가는 샘물이 흐르고
아이들과 뛰어놀던
그 고목나무 아래

밥 먹어라,
들려오는
어머니 목소리

산천초목은 여전한데
모두들 지금은
어디서
무엇을 하고 있을까

물바람

애들아
노래 부르자

태옥이 명숙이 정희
우리는 나룻배를 탔다
동요 유행가 민요
바다노래를 부른다
아침바다 뱃노래 가고파

나룻배 밑에서 나 좀 봐달라고 소리친다
아름답게 부딪쳐 만들어낸
그 노래는 시원하고 아름답구나
그 소리에 맞춰 다시 노래 부른다
물결을 헤치며 나룻배는 떠난다
푸른 물결 위에 부딪히는
바다의 소리
물바람 소리

애들아,
떠나자
낯선 곳으로

이 도서의 국립중앙도서관 출판예정도서목록(CIP)은 서지정보유통지원시스템 홈페이지(http://seoji.nl.go.kr)와 국가자료공동목록시스템(http://www.nl.go.kr/kolisnet)에서 이용하실 수 있습니다.
(CIP제어번호 : CIP2018002725)

셋이서문학관 창작교실
누에실문학회 제2기생 창작 문집

해는 서산에서 뜬다

초판인쇄일 2018년 2월 2일
초판발행일 2018년 2월 8일

지은이 : 셋이서문학관
펴낸곳 : 도서출판 문학공원
발행인 : 김순진
편집장 : 전하라
디자인 : 김초롱
등 록 : 2004년 3월 9일 제6-706호
주 소 : (03382)서울 은평구 통일로 633
녹번오피스텔 501호 스토리문학사
전 화 : 02-2234-1666
팩 스 : 02-2236-1666
홈페이지 : http://cafe.daum.net/yob51
이메일 : 4615562@hanmail.net

※ 잘못된 책은 교환해 드립니다.
※ 책값은 뒤표지에 있습니다.